Prima pubblicazione in Gran Bretagna HarperCollins Children's Books nel 2009

Via Jucker, 28 - Legnano (MI) Italia
Traduzione dall'inglese di *Caterina Cartolano*
Titolo originale: *Hello Kitty Guide to Parties*

Stampato in Cina

Hello Kitty

Feste & Party

Trucchi e consigli per una festa speciale

EDICART

Adoro le feste... A chi non piacciono? Sono un modo fantaspettacolare per festeggiare ogni genere di occasione con gli amici e la famiglia, in qualunque momento dell'anno! Niente è meglio di quella sensazione di euforia che proviamo prima di una grande festa che abbiamo atteso a lungo.

Organizzare una festa è entusiasmante. Tutti possono farlo, bisogna soltanto organizzarsi. In questa guida ho raccolto quanti più consigli possibili, dalle decorazioni a tema ai giochi divertenti, ai menù adatti, alla giusta atmosfera da creare con l'ausilio della musica e delle luci... Oh, dimenticavo il consiglio numero uno: ci vuole l'abito giusto!

Troverai anche i miei consigli per il dopo-festa: come ripulire tutto, scrivere delle note di ringraziamento e immortalare i ricordi più belli, ma anche come scrivere cartoline creative, trovare i regali giusti da portare alla festa di un amico ed essere ospiti perfetti.

Perciò, che tu sia l'ospite o il padrone di casa, questo libro ti aiuterà a organizzare una festa al top. Buon divertimento!

Con affetto,

Hello Kitty

x

Indice

10 Organizziamo... una festa!
12 Tipi di festa
14 Dove e quando?
16 Qual è la festa che fa per te?
18 Feste a tema

20 Conto alla rovescia
22 Organizzare la festa perfetta

24 Ancora tre settimane!
26 La lista degli invitati
28 Gli inviti

32 Ancora due settimane!
34 Budget e attrezzatura
36 Consigli di bellezza
38 Cibo e bevande
40 Cocktail analcolici e punch alla frutta
42 Torte
44 L'atmosfera perfetta
48 Giochi
54 L'abito
60 Quiz: Che cosa indosserò?
62 Lista della spesa

64 Ancora una settimana!
66 Decorazioni creative
68 Musica
70 Preparare il locale

72 Ancora pochi giorni!
74 Lista di controllo: locale e menu
76 Lista di controllo: tu!

78 La festa!
80 Ultimi preparativi!
82 Cibo e bevande
84 Preparativi personali
89 Truccarsi per la festa
90 Fare gli onori di casa

94 Depressione post-festa?
96 Pulizie post-festa
98 La lista dei regali
100 Ringraziamenti
102 Foto della festa
104 Il diario

106 L'ospite perfetto
108 Favolosa!
112 Idee regalo
114 Incartiamo!
116 Carta da regalo fai da te
118 Biglietti fai da te
120 Come scrivere i biglietti di auguri
122 L'etichetta

124 Arrivederci!

Organizziamo...

una festa!

Tipi di festa

Vuoi organizzare una festa? Che idea favolosa! Se vuoi che sia un successo, devi iniziare subito con i preparativi. Segui i miei semplici consigli passo dopo passo per prendere le giuste decisioni iniziali.

Per primissima cosa devi scegliere il tipo di festa che vuoi organizzare. (All'abito penseremo dopo!)

Devi festeggiare il tuo compleanno con gli amici? Pensi di organizzare una festa a sorpresa per qualcuno di speciale? Oppure stai pensando a una superpaurosa festa di Halloween?

Per iniziare, eccoti un elenco
delle mie occasioni preferite per
organizzare una festa!

- **Compleanno**
- **Nascita**
- **San Valentino**
- **Pasqua**
- **Estate**
- **Halloween**
- **Vigilia di Natale**
- **Vigilia di Capodanno**
- **Casa nuova**
- **...perché ne hai voglia!**

Dove e quando?

Ora che hai deciso che tipo di festa organizzare, il passo successivo è scegliere il luogo. Puoi decidere di affittare una sala per la tua festa, ma potrebbe essere costoso.

Io adoro fare le feste a casa mia! È più conveniente e mi posso sbizzarrire con le decorazioni personalizzando ogni cosa a mio gusto. Se decidi di festeggiare a casa tua, puoi chiedere ad alcuni amici di fermarsi a dormire dopo la festa! Prima, però, pensa allo spazio che hai a disposizione e al numero di persone che ti piacerebbe invitare, e chiedi il permesso ai tuoi genitori.

Tieni anche presente che, se la stagione lo permette, puoi anche organizzare la tua festa in giardino per avere più spazio e per creare un'atmosfera più... profumata e colorata!

Ora scegli l'ora e il giorno. Assicurati che vada bene a tutti: io, di solito, organizzo le mie feste di pomeriggio o la sera del sabato, quando so che tutti sono liberi, ma l'ora dipenderà anche dal tipo di festa che hai deciso di dare... Le festicciole è meglio farle di pomeriggio, le feste di Halloween saranno più paurose di sera e i pigiama party potrebbero proseguire per tutta la notte... se ce la fate a restare sveglie, naturalmente!

Qual è la festa che fa per te?

Le feste sono una buona occasione per trascorrere un po' di tempo con gli amici, mangiare buon cibo... e ballare, ballare, ballare! Ma, a volte, decidere il tipo di festa può essere una scelta ardua... Scopri con questo quiz la festa che fa per te!

1. Stai organizzando la tua festa di compleanno. A che cosa pensi prima?

A – All'abito, sarai al centro dell'attenzione e devi essere fantastica!

B – Alla musica, dopotutto cos'è una festa senza musica?

C – Al cibo, è essenziale preparare tante leccornie da offrire ai tuoi ospiti.

D – All'intrattenimento, vuoi essere sicura che tutti si divertano!

2. Sei elettrizzata per la tua festa, ma chi inviterai?

A – Tutta la tua classe, così il divertimento è garantito per tutti.

B – Tutti quelli che conosci, sarà l'evento sociale dell'anno!

C – I tuoi migliori amici... cioè soltanto ragazze!

D – Gli amici e i familiari più intimi, vuoi circondarti delle persone che per te contano di più in questa occasione speciale.

3. Stai andando a comprare le provviste per la tua festa. Cosa c'è sul menu?

A – Cibo a tema, per esempio gelatina viscida e vermi a forma di spaghetti per una festa superbrividosa!

B – Un buffet in piedi, per mangiare e ballare insieme!

C – Dolciumi, cioccolata, popcorn e pizza, l'ideale per un festa serale!

D – Gelato agli smarties: non si è mai troppo vecchi per questa ghiotta accoppiata!

4. Che cosa indosserai perché gli occhi di tutti siano puntati su di te?
A – Il costume da fata che hai creato, di sicuro farà voltare più di una testa!
B – Esageriamo: uno splendido abito da sera, tacchi alti e gioielli.
C – Pigiama e pantofole comodi, perfetti per un pigiama party fra amiche.
D – La gonna e il top nuovi che hai comprato per il tuo compleanno.

5. Il giorno della festa è vicino. Che sorpresa hai pensato di organizzare perché la tua festa sia un successo?
A – Hai addobbato il locale della festa come una casa stregata, con tanto di ragnatele e scheletri a grandezza naturale!
B – Hai assunto un deejay super perché suoni musica da sballo tutta la notte.
C – Hai preparato foglietti speciali per giocare tutti insieme a "Obbligo o Verità"?
D – I giochi più gettonati alle feste: passa il pacco e le sedie musicali sono sempre passatempi divertenti!

Maggioranza di A – Organizza un ballo in maschera!
Le feste in costume sono ciò che fa per te, che adori travestirti. Qualunque sia il tema della festa (principesse, pirati, buoni contro cattivi, il Selvaggio West, questo è certamente il tipo di festa adatto a te e ai tuoi amici.

Maggioranza di B – Organizza una festa disco!
Cosa c'è di meglio che scatenarsi tutta la notte sotto le luci della discoteca? È tanto che aspetti di esibirti nei nuovi passi che hai imparato e ora ne hai l'occasione... Lascia uscire la disco-diva che è in te!

Maggioranza di C – Organizza un super pigiama party!
Recupera tutti i sacchi a pelo e trova un angolo della casa dove trascorre la notte con le amiche! Divertitevi a truccarvi, a guardare un film e a gustare deliziosi spuntini. Chi di voi rimarrà sveglia più a lungo?

Maggioranza di D – Organizza una festa classica!
Una classica festa pomeridiana è un modo fantastico per riunire amici e parenti. La parte che mi piace di più è regalare agli invitati una borsa da portare a casa colma di squisitezze e altre sorprese favolose!

Feste a tema

Le feste a tema sono superdivertenti! Scelgo sempre un tema per le mie feste, qualunque sia l'occasione. Ce ne sono così tanti che non resto mai a corto di idee! Te ne consiglio alcuni.

L'amore è nell'aria: ideale per San Valentino

Tè al pomeriggio: il rito inglese del tè pomeridiano non passerà mai di moda.

Pirati: divertimento assicurato tutto l'anno.

Karaoke: per cantare insieme e divertirsi!

Disco: trascorri la notte a ballare con gli amici!

Festa del baratto: l'occasione perfetta per trovare abiti nuovi e disfarti di quelli vecchi!

Selvaggio West: ogni invitata avrà una gonna di jeans e stivali da cow boy!

Moda invernale:
per un look alla moda
anche in inverno...
Successo garantito!

Hollywood!
Io mi vesto
sempre da
Marilyn.

Metropolitana!
Vivo a Londra e questa è
una delle mie feste
preferite: mi travesto
da insegna
del metro!

Colori dell'arcobaleno:
perfetto per scattare
foto fantastiche!

Hawaii!
Vogliamo fare una
gara di limbo?

Pigiama Party:
una grande
opportunità per fare
due chiacchiere tra
amiche!

Anni 80:
un'altra festa a tema
dove il divertimento
è garantito!

Premiere:
scegli un DVD
che piaccia a
tutti e invita gli
amici a casa per
la prima del
film!

Dopo aver deciso il tema della tua festa, puoi pensare al cibo, alle decorazioni e, naturalmente, all'abito adatto. Specifica chiaramente nell'invito il tema della festa e chiedi ai tuoi ospiti di partecipare in costume. Per incoraggiare gli ospiti a impegnarsi nella scelta dell'abbigliamento giusto, puoi premiare chi sarà vestito meglio!

Conto alla rovescia

Organizzare la festa perfetta

Hai scelto il tipo di festa che vuoi dare, il luogo e l'ora in cui si terrà e anche il tema. A questo punto devi pensare all'organizzazione! Tu e i tuoi ospiti vi meritate una festa favolosa, e ci sono ancora molte cose da fare...

Organizzare una festa è divertente! È anche essenziale perché la tua festa sia un successo. Ricordati di fare molta attenzione ai dettagli: soltanto così la tua festa sarà speciale! I tuoi ospiti lo noteranno e lo apprezzeranno. Per organizzare tutto al meglio, ti serviranno almeno tre settimane.

Hai un milione di idee per la tua festa ma non sai da dove partire? O forse ti manca l'ispirazione e hai bisogno di qualche dritta per cominciare? In entrambi i casi, procurati un bel taccuino per gli appunti, prendi una penna e mettiti all'opera!

Ancora tre settimane!

La lista degli invitati

- Pensa allo spazio che avrai a disposizione per la tua festa e a quante persone puoi ospitare.

- Invita soltanto le persone che hai piacere di incontrare. Se c'è qualcuno che preferiresti non invitare, non sentirti obbligato a farlo. Ricordati: è la tua festa!

- Non preoccuparti se i tuoi amici non si conoscono fra loro, potrai farli conoscere durante la festa e, magari, assistere alla nascita di nuove amicizie!

- Se hai scelto di fare la festa a casa tua, ricordati di invitare i vicini... simpatici che conosci!

Lista degli invitati

per la festa della vigilia di Natale di Hello Kitty

- Mimmy
- Mamma
- Papà
- Dear Daniel
- Fifi
- Rory
- Joey
- Thomas
- Jodie
- Tracy
- Tim e Tammy
- Tippy
- Davide
- Alice
- Alberto
- Karen
- Carlotta
- William
- Giò
- Kati
- Elena
- Edo
- Anthony
- Simone

Gli inviti

Puoi spedire gli inviti via posta, via e-mail oppure darli a mano. A me piace essere creativa, così creo sempre personalmente gli inviti per le mie feste. Li realizzo sul mio computer, li stampo, li ritaglio e li decoro, poi li spedisco agli amici. Che ne dici di provare anche tu?

Ti serviranno: carta, un computer con stampante a colori e/o penne colorate, brillantini e altre decorazioni che userai a tuo piacimento. Se decidi di spedirli via posta, non dimenticare i francobolli!

I tuoi inviti dovranno essere il più possibile interessanti e appariscenti. Se hai bisogno d'ispirazione, guarda i miei!

Festa Pirata

a casa di Hello Kitty

Data: 7 giugno dalle 18:00 a mezzanotte.

Abbigliamento: d'ispirazione piratesca!

RSVP: telefonami per l'ok entro il 24 maggio

Festa di Halloween

nella casa stregata di Hello Kitty

Data: 31 ottobre dalle 18:00 a mezzanotte.

Abbigliamento: costumi di celebrità defunte!

RSVP: telefonami per l'ok entro il 17 ottobre.

Festa di San Valentino

a casa di Hello Kitty

Data: 14 febbraio dalle 19:00 a mezzanotte.

Abbigliamento: graziose in rosa, radiose in rosso!

RSVP: telefonami per l'ok entro il 31 gennaio.

Festa della Vigilia di Natale

a casa di Hello Kitty

Data: 24 dicembre dalle 16:00 alle 23.00.

Abbigliamento: elegante!

RSVP: telefonami per l'ok entro il 10 dicembre.

Hello Kitty

Festa di Compleanno di Hello Kitty

a casa di Hello Kitty

Data: 1 novembre, dalle 18:00 a mezzanotte.

Abbigliamento: come le star di Hollywood!

RSVP: telefonami per l'ok entro il 18 ottobre.

Assicurati di includere le seguenti informazioni nei tuoi inviti:

- Il tuo nome (come padrona di casa)
- Il tipo di festa, per esempio festa di compleanno, festa a sorpresa...
- Il luogo (il tuo indirizzo per intero, con le indicazioni e una cartina su un foglio separato se necessario)
- Data e ora d'inizio e fine della festa
- Abbigliamento: sii precisa, così nessuno farà confusione. Se chiedi ai tuoi ospiti di vestirsi in costume, suggerisci i negozi o i siti web dove possono trovare l'abbigliamento e gli accessori adeguati.
- La mail, il telefono, e/o l'indirizzo dove spedire la risposta. Scegli un RSVP con un termine di almeno due settimane per dare ai tuoi ospiti il tempo di organizzarsi.
- Fornisci altre informazioni rilevanti, se ci sarà una gara per il costume più bello! Gli ospiti devono portare il sacco a pelo perché si fermeranno a dormire?

Ancora due settimane!

Budget e attrezzatura

A questo punto la tua lista di invitati dovrebbe essere confermata. Che bello! Se qualcuno non l'ha ancora fatto, chiamalo al telefono o inviagli un messaggio in modo da avere il numero esatto dei partecipanti.

Stabilisci un budget prima di uscire a fare acquisti, ma soltanto dopo che avrai in mano la lista definitiva degli ospiti. Così saprai quanto spendere a testa e non userai tutti i soldi per le decorazioni, per quanto tu possa esserne tentata! Ricordati di concordare in anticipo la somma da versare con ciascuna delle eventuali persone coinvolte nella preparazione della festa.

Tenendo a mente il numero di invitati, pensa alle stanze che intendi usare per la festa, e a quelle che vorrai tenere riservate (dopotutto ti serve un po' di privacy!).

Ora dovrai annotare il numero di sedie, di tavoli e di superfici utilizzabili su cui puoi contare e decidere dove è meglio collocarli. Ti serviranno molte sedie, un tavolo su cui servire le bibite e i tuoi deliziosi manicaretti, e possibilmente un secondo tavolo per i regali, se ti aspetti di riceverne molti!

Pensi di chiedere qualcosa in prestito a un vicino o a un amico?

Alcuni ospiti vorranno sedersi a chiacchierare, mentre altri preferiranno ballare tutta la notte! Assicurati di lasciare abbastanza spazio libero e anche di sistemare in un angolo divani e sedie per i ballerini che vorranno fare una pausa.

Controlla lo spazio che hai a disposizione nel frigo, nel congelatore e nel forno. Se decidi di preparare tu stessa buona parte del cibo e lo spazio è limitato, potresti chiedere a un amico che vive accanto a te o a un vicino di poter usare la sua cucina.

Ti servirà un impianto musicale nella sala principale e un posto dove sistemarlo (lontano dal cibo per evitare incidenti). Se non ne possiedi uno, chiedilo in prestito a un amico o a un parente.

Quanti piatti, bicchieri, vassoi, ecc. hai a casa? Puoi decidere di usare i tuoi, e correre il rischio che si rompano, oppure comprare quelli monouso. Ricordati sempre di chiedere il permesso se le stoviglie non ti appartengono. Se decidi per quelli monouso, potrai trovare quelli più adatti alla tua festa nei negozi specializzati in articoli per le feste!

Consigli di bellezza

Ora arriva il più bello! Scommetto che non vedi l'ora di pensare all'abito, ai capelli e al trucco. Fai incetta di tutte le riviste di moda, look e capelli che riesci a trovare, rannicchiati sul divano e dedica un pomeriggio a sfogliarle tutte, ritagliando gli articoli che ti interessano di più. Io ho un album pieno di ritagli con consigli di bellezza, di stile e con foto di abiti favolosi a cui ricorro per farmi ispirare.

Quando ti sarai fatta un'idea generale del look che fa per te, vai a guardare nel tuo guardaroba per vedere se hai già qualcosa che può andare bene e che cosa, invece, dovrai acquistare. Io ho uno scatolone colmo di costumi accanto all'armadio, piena delle cose più svariate: cappelli, gioielli, abiti e accessori delle feste precedenti. Frugo spesso in questo scatolone quando sono in cerca di un nuovo costume per le mie feste.

Controlla i tuoi trucchi e i prodotti di bellezza e fai un elenco di quello che ti occorrerà per essere al top! Pensa a tutti i trattamenti di bellezza che vorrai concederti prima del gran giorno, per esempio il trucco e l'acconciatura che vorrai sfoggiare.

Cibo e bevande

È arrivato il momento di pensare al cibo e alle bevande: gnammi!
Io preferisco i buffet. Si può mangiare in piedi o seduti e si può offrire una più vasta gamma di piatti rispetto a una cena classica!

Ricordati di servire cibo che si abbini al tema della serata. Così, per esempio, se hai organizzato una festa di Halloween, il cibo ideale dovrà essere orrido: bulbi oculari, vermi e dita tagliate. Disgustoso!

Ovviamente dovrai comprare alcune cose, le patatine fritte per esempio, ma alcuni piatti potresti prepararli tu stessa. Dai un'occhiata al tuo libro di ricette e segna o fotocopia le pagine che ti interessano, oppure cerca online qualche ricetta. Fai una lista di tutti gli ingredienti che ti serviranno e di tutti i prodotti confezionati che intendi comprare. Dai un'occhiata alla lista della spesa della mia ultima festa di compleanno!

- Quattro pacchetti grandi di nachos salati
- Quattro pacchetti grandi di patatine, in gusti assortiti
- Due tubetti di humus
- Due tubetti di salsa guacamole
- Due confezioni di panna acida con erba cipollina
- Due buste di carote tagliate alla julienne
- Due grandi buste di sedano
- Due baguette
- Un panetto di burro
- Una confezione grande di formaggio
- Cheddar
- Ananas a cubetti
- Bastoncini da cocktail
- Uva rossa
- Una decina di salamini
- 10 uova sode
- Due torte salate, di cui una vegetariana
- Due confezioni di pizzette assortite
- Due pacchi di biscotti
- Una grande scatola di cioccolatini
- Gli ingredienti per la torta
- Le candele per la torta
- Gli ingredienti per i cocktail

Cocktail analcolici e punch alla frutta

I cocktail e i punch analcolici sono buoni e salutari. Inoltre, essendo così colorati, sono dei drink perfetti da sfoggiare nelle feste! Ecco alcune delle mie ricette preferite:

Cocktail analcolico
Procurati uno shaker per cocktail e bicchieri alti.

Sour Mix
1 tazza di zucchero
2 tazze di acqua
2 tazze di limone appena spremuto

Mescola insieme tutto. Conserva in frigo fino a un massimo di 7 giorni.

The Cuban Cooler
10 foglie di menta
200 ml di zucchero liquido o miele
20 ml di succo di limone
40 ml di succo di mela
20 ml di succo di mirtillo

Procurati dei cubetti di ghiaccio, avvolgili in un canovaccio da cucina e frantumali.
Prepara il succo di limone.
Aggiungi le foglie di menta e lo zucchero o il miele in un bicchiere alto e pesta le foglie (ammaccale gentilmente per farne uscire l'olio).
Aggiungi il ghiaccio tritato, il succo di limone, il succo di mela e mescola. Versa infine il succo di mirtillo e guarnisci con uno spicchio di limone o di lime.

Virgin Margarita
1 parte di succo d'arancia
1 parte di succo di lime
3 parti di "sour mix"

(Decidi tu la quantità di una parte, purché sia la stessa per tutti gli ingredienti.) Riempi uno shaker con ghiaccio, aggiungi gli ingredienti, mescola bene, versa in un bicchiere alto, colmo di ghiaccio, e aggiungi limonata.

Shirley Temple
Ginger Ale
sciroppo di granatina
uno spicchio di limone

Riempi un bicchiere alto con ghiaccio, aggiungi qualche goccio di granatina e poi riempi fino al bordo con ginger ale. Spremi il limone nel cocktail e guarnisci con una ciliegia.

Cranpina
70 ml di succo di mirtillo
70 ml di succo di pompelmo
70 ml di succo d'ananas
30 ml di succo d'arancia

Riempi un bicchiere alto con cubetti di ghiaccio, versa i primi tre ingredienti e mescola. Aggiungi il succo d'arancia, che scenderà sul fondo mentre lo bevi, ma farai un figurone quando lo servi!

Punch alla Frutta
4 tazze di Ginger Ale
2 tazze di sciroppo di frutta
2 tazze di succo di ananas
2 tazze di zucchero
3 tazze di acqua
1 tazza di tè verde
1 tazza di succo di limone
1 tazza di ciliegie

Esecuzione:
Porta a ebollizione l'acqua e mescola lo zucchero fino a quando non si sarà sciolto del tutto. Poi aggiungi lo sciroppo, il succo di ananas, il succo di limone e mescola. Quindi versa il tè. Metti in frigo e aspetta che si raffreddi. Quando si sarà raffreddato, aggiungi le ciliegie, il Ginger Ale e servi in una graziosa coppa da punch. Ricordati di aggiungere ghiaccio per mantenerlo freddo. Puoi anche decorare a piacimento la coppa con frutta a spicchi.

Torte

Una festa non è una festa senza una torta! Adoro cucinare, e le torte sono una delle mie specialità. Ecco due delle mie ricette preferite... Provarle!

Torta fredda al cioccolato

Ungi con olio una teglia grande 18x18 cm, poi rivesti il fondo e i bordi con pellicola trasparente, lasciandone abbastanza da poter poi avvolgere l'intera torta.
Sciogli 350 g di cioccolato, ridotto in pezzi, con 150 g di burro in una grande terrina immersa in una pentola con acqua bollente. Assicurati che i bordi della terrina non tocchino l'acqua.
Quando burro e cioccolato si saranno sciolti, aggiungi 175 g di biscotti secchi, sminuzzati, e circa 300 g di frutta secca mista, marshmallow o noci.
Mescola insieme il tutto. Distribuisci la torta sulla teglia già preparata, premendo con un cucchiaio bagnato in modo da ottenere un impasto uniforme. Chiudila dentro la pellicola e ponila in frigo a raffreddare per almeno 6 ore (meglio tutta la notte).
Taglia grosse fette e servi.

Muffin alla vaniglia

Ingredienti
125 g di zucchero in polvere
125 g di burro morbido
2 uova
2 cucchiaini di estratto di vaniglia
150 g di farina
2 cucchiaini di lievito

Esecuzione:
1 Preriscalda il forno a 180 °C.
2 Sbatti lo zucchero e il burro fino a ottenere un composto morbido e leggero.
3 Aggiungi le uova sbattute e la vaniglia.
4 Metti la farina e il lievito e mescola bene.
5 Versa il composto negli stampi della teglia per muffin.
6 Cuoci in forno per 20-25 minuti, o fino a quando saranno ben dorati.
7 Lascia raffreddare.

Glassa

Ingredienti
100 g di zucchero a velo
60 g di formaggio a pasta morbida
35 g burro a temperatura ambiente

Esecuzione:
1 Sbatti insieme il burro e lo zucchero fino a quando il burro non sarà ben amalgamato.
2 Aggiungi il formaggio a pasta morbida e mescola il tutto non troppo energicamente.

Se vuoi, decora i muffin con della glassa e aggiungi, a tuo piacere, codette colorate!

L'atmosfera perfetta

Che tipo di atmosfera vuoi per la tua festa? Sofisticata ed elegante per una festa pomeridiana? Vibrante e allegra per una festa anni 80? O superbrividosa per una festa di Halloween? Ci sono molti modi semplici per creare l'atmosfera perfetta. Ecco i miei consigli!

Illuminazione

Mi piace usare candele, luci o lampadine colorate per creare la giusta atmosfera dentro casa. Se pensi di usare anche il giardino, i funghi da riscaldamento esterno e le lanterne possono creare un'atmosfera suggestiva.

Se vuoi che i tuoi ospiti siano allegri e pieni energia, scegli luci dai colori brillanti. Se vuoi spingerli a ballare, preferisci un'illuminazione più soffusa ma non dimenticare le luci da discoteca!

Decorazioni

Ce ne sono molte fra cui scegliere! Fai una lista di tutto quello che ti servirà per la tua festa a tema. Eccoti un elenco delle decorazioni indispensabili per tutte le feste classiche.

Natale
Nastri/fili luccicanti, vischio, agrifoglio e... un albero di Natale, naturalmente!

Halloween
Ragnatele, scheletri, zucche, pipistrelli e ragni.

San Valentino
Rose rosse, confetti a forma di cuore, stoffa rossa e rosa, tante candele

Pasqua
Pulcini gialli, coniglietti bianchi, carta colorata con le impronte dei conigli, uova colorate, il necessario per la caccia alle uova, narcisi.

Compleanno
Palloncini, stelle filanti, festoni di Buon Compleanno.

Ed ecco le decorazioni che ho fatto per alcune delle mie ultime feste a tema!

Festa dei Pirati

- Due grandi scheletri vestiti da pirati
- Carta marrone (da mettere sulle pareti per farle sembrare l'interno di una nave)
- 30 bende da dare agli invitati
- 30 spade
- 30 bandane
- 6 forzieri di plastica dentro i quali mettere:
  - -monete di cioccolata
  - -perle di plastica (20)
  - -gioielli e anelli di plastica (20)

Festa Hawaiana

- 2 tovaglie in stile hawaiano
- Coriandoli hawaiani
- 6 pappagalli da appendere
- Ghirlanda a forma di palma
- 4 alberi di palme gonfiabili
- Canne di bambù per ballare il limbo

Visto? È davvero facile allestire il locale, e le decorazioni si trovano a prezzi accessibili, basta saper cercare!

Musica

Ogni festa necessita di una colonna sonora! La musica che sceglierai influenzerà l'atmosfera della festa, perciò sceglila con cura.

Se vuoi che i tuoi ospiti ballino, prepara una compilation di musica pop e dance, e alza il volume. Non troppo alto, altrimenti i vicini potrebbero protestare! Ricorda di includere anche pezzi classici e nuovi per accontentare i gusti di tutti.

Se stai organizzando una festa di Natale, non avrai problemi a trovare centinaia di pezzi natalizi per entrare nello spirito della festa.

Se desideri che i tuoi ospiti si conoscano e chiacchierino fra di loro, crea una compilation di musica rilassante e abbassa il volume.

Vuoi organizzare una festa di San Valentino? L'amore è nell'aria, perciò includi nella tua collezione canzoni d'amore romantiche.

Se la tua festa ha un tema, cerca di trovare la musica adatta. Per esempio, se pensi a un tè pomeridiano, d'ispirazione anglosassone, scegli musica classica. Per una festa ispirata al Selvaggio West, scegli qualche brano di musica country e western. Se non hai la musica giusta, prova a chiedere aiuto ad amici o parenti!

Giochi

Cosa sarebbe una festa senza giochi? Eccone alcuni dei miei preferiti!

Obbligo o Verità?

Fai sedere tutti in cerchio e scegli qualcuno che inizi. Fagli la domanda: "Obbligo o Verità?". Se sceglie un "Obbligo" deve fare la cosa scritta sul foglietto. Se sceglie una "Verità" deve rispondere con sincerità alla domanda scritta sul foglietto. Chi si rifiuta di fare ciò che è scritto sul foglietto, è eliminato. L'ultimo rimasto è il vincitore.

Ideale per ogni occasione!

Cosa ti serve:

- foglietti già preparati con domande e obblighi (di solito li stampo con il mio computer)

Cerca di pensare a domande che non imbarazzino troppo i tuoi ospiti!

Il Gioco delle Coppie

Scegli coppie famose, come Brad Pitt e Angelina Jolie, Romeo e Giulietta, ecc. Scrivi i loro nomi su dei foglietti adesivi. Chiedi a ognuno di scegliere un foglietto senza guardare e di attaccarselo sulla fronte. Lo scopo del gioco che ognuno indovini la propria identità il più in fretta possibile facendo domande semplici tipo: "Sono vivo?", "Sono femmina?", "Sono inglese?" alle quali si risponderà con un sì o con un no. Vince la prima coppia che indovina la propria identità.

Cosa ti serve:

* biglietti adesivi
* penne

Ideale per:
ogni occasione, ma soprattutto per San Valentino.

Gioco della Bottiglia e dello Smalto

Sistema le bottigliette di smalto per unghie in cerchio e poi metti una bottiglia di plastica vuota al centro.
Girate a turno la bottiglia e aspettate che si fermi, prendete la bottiglietta di smalto indicata dalla bottiglia e smaltatevi un'unghia.
Continuate a girare la bottiglia a turno finché tutti avranno tutte le unghie smaltate (potete anche smaltare le unghie dei piedi, naturalmente!). Otterrete interessanti combinazioni di colori!

Ti servirà:

* smalto per unghie di vari colori
* una bottiglia di plastica vuota

Ideale per:
pigiama party fra ragazze. Questo gioco piacerà di certo alle ragazze, ma con i ragazzi, sarà doppiamente spassoso.

Cosa ti serve:

- ✶ quattro secchi, due grandi e due medi
- ✶ due grandi spugne
- ✶ acqua

La spugna

Sistema due secchi di grandezza media sulla linea di partenza e due secchi più grandi di fronte a questi ad almeno 10 metri di distanza, a seconda dello spazio che hai a disposizione. Riempi di acqua fino all'orlo i due secchi più lontani. Dividi gli ospiti in due squadre.

Il primo giocatore di ogni squadra prende una spugna e corre verso il secchio più lontano, inzuppa la spugna nell'acqua, torna verso la linea di partenza e spreme l'acqua dentro il secchio vuoto, quindi passa la spugna al secondo giocatore. La prima squadra che riempie d'acqua il suo secchio vince!

Ideale per feste estive in giardino!

Trucco alla cieca

Ideale per
pigiama party fra ragazze

Scegli qualcuna da bendare: sarà l'artista truccatrice. Scegli un'altra persona che faccia da modello. La persona bendata dovrà truccare alla cieca la sua modella. Fai giocare a turno tutti. Ricordati di scattare molte foto!

Cosa ti serve:

- trucco
- una benda

Pesca la mela

Ideale per
Halloween

Riempi due bacinelle d'acqua e metti in ognuna delle mele.
Dividi gli ospiti in due squadre. Senza usare le mani, ciascun membro delle due squadre dovrà cercare di pescare una mela con la bocca e toglierla dalla bacinella. La squadra vincente è quella che riuscirà a pescare tutte le mele! Forse questo gioco non piacerà alle ragazze truccate...

Cosa ti serve:

- due bacinelle
- acqua
- mele

La mummia

Ideale per
Halloween

Cosa ti serve:
✶ rotoli di carta igienica

Dividi i tuoi ospiti in due squadre. Scegli una persona per squadra che impersoni la “mummia”. Al tre le due squadre inizieranno ad avvolgere le rispettive “mummie” nella carta igienica. Vince la squadra che benda per prima la sua “mummia”. Anche qui, non dimenticare di scattare qualche foto!

Gara di Ballo

Ideale per
ogni festa!

Cosa ti serve:
✶ lo spazio per ballare e... una compilation da sballo!

Organizza una gara di ballo per vedere chi è più bravo! Due ospiti si sfidano a turno. Il vincitore passa al turno successivo finché tutti avranno ballato. Il resto degli ospiti decide chi vince ogni turno. Puoi preparare dei certificati e delle coccarde da consegnare al vincitore, e dargli anche un premio!

Gara di Costumi

Se hai chiesto ai tuoi ospiti di indossare dei costumi, giudica tutti i costumi durante la festa e, alla fine, annuncia i vincitori! Puoi preparare certificati e coccarde per il terzo, il secondo e il primo classificati e acquistare un premio in tema con la festa per il primo posto.

Se sei a corto di idee, segui il mio esempio qui a fianco!

Hello Kitty

Questo certificato è stato assegnato a

....

Per il Costume Più Bello durante la festa

Hawaiana di Hello Kitty

Data 27 giugno

Congratulazioni!

Consiglio
Cita la gara di costumi sull'invito e ti garantisco che i tuoi amici verranno ancor più volentieri!

L'abito

Pensare al tuo abito per la festa è, senza dubbio, la parte migliore dei preparativi! A ogni ragazza piace indossare un abito da favola e avere gli occhi di tutti puntati addosso... Eccoti alcuni abiti che ho creato e che strapperanno ai tuoi ospiti un grido di approvazione!

Cowgirl

Procurati una gonna di jeans e degli stivali da cowboy. Se proprio vuoi sembrare un'autentica cowgirl, indossa una camicia a scacchi in stile western! Andrà bene anche un semplice gilet bianco oppure maglietta e gilè di jeans. Puoi comprare un cappello da cowboy e altri accessori nei negozi specializzati in articoli per le feste.

Puoi fare tu stessa il distintivo da sceriffo! Ti servirà del cartoncino color argento, una spilla da balia, un pennarello e un paio di forbici. Disegna una stella sul cartoncino, scrivi al centro la parola "Sceriffo", ritagliala, incolla la spilla da balia sul retro e appunta il tuo distintivo sul gilè.

Colori dell'Arcobaleno

Questa idea è davvero spassosa: scegli un colore dell'arcobaleno e vestiti da capo a piedi di questo colore, oppure indossa tutti i colori dell'arcobaleno! Io preferisco scegliere un solo colore, poi chiedo a sei amiche di fare lo stesso, così insieme formiamo un arcobaleno. L'ultima volta io ero vestita di indaco!

Un abito, una gonna e una maglietta, un paio di jeans e un gilè... puoi indossare tutto ciò che vuoi, purché siano del colore giusto!

Ricordati di scegliere anche gli accessori dello stesso colore. Per completare il tuo look, scegli anche l'ombretto e, se possibile, il lucidalabbra della stessa tonalità!

Premiere

Uno dei miei temi preferiti! Puoi sfoggiare l'abito più sciccoso e i tacchi alti per questa occasione. Puoi anche scegliere un bel cappello, un grazioso foulard o una pashmina. Anche qualche gioiello si addice a questa occasione. Una buona idea è quella di copiare il look del tuo attore preferito!

Hawaii

Se sei un po' timida, puoi sempre indossare una canottiera colorata sopra il bikini! Puoi comprare ghirlande di fiori nei negozi specializzati in articoli per le feste. A me piace indossarle al collo, ai polsi e alle caviglie, e fissare un grosso fiore su un lato della testa!

Cosa ti serve
- un bikini
- fiori in quantità!

Diavolessa

È superfluo dire che per questo costume il colore da indossare è il rosso! Un abitino rosso è la scelta perfetta. Puoi comprare il kit di accessori contenente corna, coda e forcone oppure farli tu stessa.

Cosa ti serve

- un cerchietto per capelli di cotone nero (il più sottile possibile)
- feltro rosso
- ago e filo rosso
- nastro rosso
- un bastone o un vecchio manico di scopa (lungo circa un metro)
- tre bastoni più piccoli (lunghi circa dieci centimetri)
- colla o nastro adesivo
- batuffoli di cotone

- Ritaglia due corna dal feltro rosso.
- Cucile nel tuo cerchietto di cotone.
- Per la coda, ritaglia un pezzo di feltro lungo circa un metro e largo 6/8 centimetri.
- Sistemalo su una superficie piatta. Metti in fila dei batuffoli di cotone dal centro della coda verso l'alto e verso il basso e poi cuci.
- Ora ritaglia un triangolo di feltro rosso grande circa la metà del tuo palmo e cucilo all'estremità della coda.
- Per il forcone, avvolgi il bastone più lungo nel nastro rosso fino a ricoprirlo tutto, incollando le estremità con la colla o il nastro adesivo.
- Ripeti l'operazione con i tre bastoncini più piccoli. Infine incolla un bastoncino a un'estremità del bastone più lungo e poi incolla anche gli altri due ai lati in modo da formare un forcone.

Regina delle Nevi

Questo è un costume davvero divertente da realizzare. Usa colori freddi per il trucco, come l'azzurro, l'argento, il bianco e il rosa.
Un ombretto e un lucidalabbra luccicanti daranno il tocco finale al tuo look.
Le ragazze con la carnagione pallida sono le più adatte a indossare questo costume.

Cosa ti serve

- un abito di colore bianco o argento (puoi usare qualcosa che hai già e aggiungere qualche accessorio giusto oppure comprare un costume)

Accessori

- una corona/tiara e una bacchetta
  Nei negozi che vendono costumi troverai molte alternative a prezzi accessibili.

Elfo di Natale

Con i giusti accessori, andrà bene qualunque abito verde o rosso, ma nei negozi che vendono costumi troverai bellissimi costumi da elfo! Per il trucco, preferisci il rosso per le labbra e le guance. Prova ad applicare un po' di lucidalabbra sulle guance per sembrare un vero elfo!

Accessori indispensabili

- un cappello da elfo
- calzamaglia rossa o verde
- una grossa cintura nera con una grande fibbia quadrata

(Li potrai trovare nei negozi che vendono costumi)

Che cosa indosserò?

Non sai ancora cosa indossare? Fai questo quiz e trova lo stile che ti si addice di più!

1. Ti stai preparando per la festa di un amico. A che cosa pensi prima?

A – Ai capelli e al trucco: vuoi essere il più elegante possibile.

B – Chiami gli amici per sapere che cosa indosseranno: non vuoi essere troppo informale!

C – Al tuo abito: la cosa più importante!

2. Hai deciso di indossare il tuo abito più bello per la festa. Qual è?

A – Vestito classico e tacchi alti, con gioielli coordinati.

B – I tuoi jeans preferiti e un top alla moda: quando li indossi è sempre un successone!

C – Il costume da stella del cinema anni 50 che hai fatto appositamente per questa festa che ha come tema Hollywood.

3. Che regalo hai portato all'ospite per il suo compleanno?

A – Hai voluto strafare e le hai comprato una deliziosa collana con gli orecchini abbinati.

B – Le hai fatto fare una maglietta su misura che lei adorerà.

C – Hai voluto essere creativa e le hai preparato un dolce personalizzato!

4. Qual è la tua idea di figuraccia oscena a una festa?

A – Versare una bevanda sul tuo abito nuovo.

B – Indossare quei tacchi altissimi con i quali camminare è un vero incubo!

C – Scoprire che qualcuno ha il tuo stesso abito: e dire che volevi essere originale!

5. Come descriveresti il tuo stile di ogni giorno?

A – Ti vesti sempre per fare colpo e ce la metti tutta: non si sa mai chi potresti incontrare!

B – Adori i jeans: semplici e chic.

C – Creativo e unico, ti piace indossare sempre pezzi unici che ti facciano spiccare tra la folla.

Maggioranza di A – Sei una ragazza glamour!

Se c'è una festa, tu sai che è il momento di tirare fuori dall'armadio quell'abitino all'ultima moda e fare il tuo ingresso con stile! Faresti di tutto per apparire favolosa. Scegli gioielli raffinati e ti pettini con stile, per arrivare sempre in forma perfetta alla festa.

Maggioranza di B – Sei un tipo casual!

Non c'è niente di male in un look rilassato, ma le feste sono occasioni speciali ed è giusto cercare di apparire al meglio. Perché non provi a impreziosire jeans e maglietta con una sciarpa ricercata o un cardigan colorato? Ricorda di aggiungere un paio di ballerine per un look casual chic!

Maggioranza di C – Sei una fashionista creativa!

Per te, le feste sono un'occasione per mostrare il tuo stile originale. Le tue preferite sono quelle in costume, perché puoi liberare la tua creatività e indossare qualcosa di unico. Perché unico? Perché l'hai realizzato tu stessa, naturalmente!

Lista della Spesa

È il momento di andare a comprare tutto il necessario per la festa!

La tua lista della spesa dovrebbe somigliare a questa!

- Abito, accessori, trucchi, ecc.
- Decorazioni pronte all'uso (ricordati di portare la lista che hai fatto prima)
- Materiali che ti serviranno per creare le decorazioni
- Nastro adesivo, colla, spago, ecc.
- Premi per le varie gare (per esempio la gara di costumi, la gara di ballo ecc.)

- Piatti, bicchieri, posate (di metallo o monouso), cannucce, copritavola se necessario

- Vassoi o sacchetti di ghiaccio. Perché non comprare vassoi di ghiaccio in tono con il tema della festa? Ne puoi trovare a prezzi accessibili e di ogni forma: a cuore, a teschio e a ossa incrociate, a lettere dell'alfabeto, a labbra, a chitarra... Cercali online, troverai assortimento maggiore

- Cibo e bevande non deperibili (controlla la lista del cibo e delle bevande, ma non comprare nulla a breve scadenza perché potrebbe scadere prima della festa)

- Ingredienti per la torta (soltanto quelli non deperibili)

- Rotoli di carta igienica!

- Sacchi della spazzatura

- Prodotti per la pulizia come detersivi liquidi, detergenti per tappeti ecc.

Ancora una settimana!

Decorazioni Creative

È arrivato il momento di essere creativi! Anche se hai comprato alcune decorazioni, puoi sempre farne ancora, oppure personalizzare quelle che hai!

Ecco alcune idee favolose che potrebbero piacerti!

Se è una festa a sorpresa per un amico o un'amica (e mi auguro che tu sia riuscita a mantenere il segreto anche se sei superelettrizzata!), potresti stampare alcune sue foto e farci intorno delle ghirlande. Questa soluzione funziona particolarmente bene ingrandendo le foto e ritagliando soltanto il volto!

Se il tema della festa è il selvaggio West, prepara alcuni poster da "Ricercato" utilizzando le foto degli amici e attaccali alle pareti. Potresti anche attaccare una porta un'insegna con sopra scritto "Saloon"!

Se il tema della festa è la metropolitana, attacca sulle pareti di casa tante insegne delle diverse stazioni! A me piace inventare nomi buffi di stazioni come "Vattelapesca", "Genoveffa" o "Piripicchio". Puoi anche fare un'insegna con sopra scritto "Uscita" o indicare il bagno o altre stanze con diversi colori!

Per una festa che ha come tema Hollywood, prova a disegnare tante stelle da attaccare sulla tua "strada delle stelle" con i nomi dei tuoi amici! Poi chiedi agli amici di andare in cerca della loro stella. Se ti senti molto creativa puoi disegnare la tua insegna di "Hollywood" da attaccare sulla parete di una stanza, proprio come quella che si trova a Los Angeles!

Cartelli

Ora è il momento giusto per preparare dei cartelli da usare per la tua festa. Guarda quelli che ho fatto io.

Musica

Dovresti esserti già fatta un'idea del tipo di atmosfera che intendi creare con la musica. Ecco i miei consigli top per creare una compilation perfetta!

A meno che tu non decida di chiamare un DJ (oppure che gli amici di tuo fratello maggiore si siano offerti di venire con i loro strumenti), dovrai preparare una compilation per la tua festa al computer o con il tuo Mp3, oppure raccogliere tutti i CD che vuoi usare e sistemarli nell'ordine in cui deciderai di ascoltarli.

Se la tua festa non ha un tema musicale specifico, attingi da vari generi: pop, rock, dance e Rhythm and Blues vanno sempre bene e contengono pezzi classici e pezzi più moderni. È meglio iniziare con ritmi sostenuti, per spingere tutti a ballare per passare a ritmi più discreti fino alla fine della festa.

Prima della festa, chiedi ai tuoi amici quali sono i loro brani musicali preferiti e aggiungili alla tua compilation.

Assicurati di avere abbastanza brani musicali per intrattenere gli ospiti per tutta la festa. Eventualmente chiedi in prestito CD ad amici e familiari per poter disporre di un'ampia varietà di artisti.

Preparare il locale

Dedicherai sicuramente molto tempo a farti bellissima per la tua festa, ma anche la tua casa dovrà essere perfetta! Oltre ad addobbare le stanze dove si svolgerà la festa, forse ai tuoi amici farà piacere un tour guidato della casa, e il bagno sarà uno dei luoghi più visitati.
Perciò dovrai dare a tutta la casa una bella ripulita: la tua famiglia ti adorerà per questo!

Il giorno della festa controlla che sia tutto pulito, ma ti consiglio di anticipare a qualche giorno prima i lavori grossi, come pulire il bagno, passare l'aspirapolvere, lavare i pavimenti e spolverare le stanze.

Le pulizie possono essere noiose, perciò invita un po' di amici il fine settimana prima della festa, metti su la tua compilation preferita e, con il loro aiuto, la tua casa sembrerà uno specchio in un battibaleno!

Ricordati di avere a disposizione un'armadio oppure trova un posto dove mettere i cappotti e le borse degli invitati.

Ancora
pochi giorni!

Lista di controllo: locale e menu

Locale

✶ Controlla che ogni stanza della tua casa che hai deciso di usare sia pulita.

✶ Ritira tutti gli oggetti che ingombrano, come per esempio riviste di moda, scarpe e abiti che hai lasciato in giro, l'asse da stiro, il diario ecc. Così facendo lo spazio destinato alla festa sarà ordinato e tu non dovrai preoccuparti di eventuali danni. Controlla ce non ci siamo oggetti fragili o di valore: questo è il momento di metterli al sicuro! Puoi ritirare tutto in una camera che non userai o in soffitta.

Menu

✶ È arrivato il momento di acquistare tutto il cibo fresco di cui avrai bisogno! Prepara una lista dettagliata basandoti sul menu.

✶ Riempi il congelatore di ghiaccio: non ce n'è mai abbastanza alle feste!

✶ Prepara tutti i piatti e le bevande che puoi conservare in frigo, poi fai una lista delle cose che dovrai fare il giorno della festa e lasciala bene in vista!

Lista di controllo: tu!

Appendi il tuo abito sulla porta dell'armadio e sistema gli accessori sulla toeletta.

Controlla fra i trucchi per assicurarti di avere tutto ciò che ti serve. Ecco una lista delle cose che potrebbero servirti.

Corpo

- ♡ Scrub esfoliante
- ♡ Crema idratante
- ♡ Smalto per unghie
- ♡ Acetone
- ♡ Scrub per i piedi
- ♡ Lima per piedi
- ♡ Profumo
- ♡ Crema o polvere brillantante
- ♡ Lima per un unghie
- ♡ Tronchesine per unghie

Viso

- ♡ Maschera facciale (purificante se la pelle è oleosa, idratante se la pelle è secca)
- ♡ Detergente
- ♡ Tonico
- ♡ Idratante
- ♡ Pinzette
- ♡ Dischetti di cotone
- ♡ Batuffoli di cotone
- ♡ Trucchi
- ♡ Struccante
- ♡ Base per gli occhi

Capelli

- Balsamo
- Spazzola
- Pettine
- Spray protettivo
- Asciugacapelli
- Bigodini per arricciare o lisciare i capelli
- Spray o mousse modellante

Vorrai essere assolutamente perfetta per il gran giorno, perciò invita le amiche, possibilmente il giorno o la sera prima, e coccolatevi un po' con i trattamenti di bellezza che avrete comprato. Se ognuna porterà un prodotto nuovo, avrete una gran scelta! Potrete decidere di farvi la manicure e la pedicure la sera prima della festa, ma se temete di rovinare lo smalto allora sarà meglio posticipare la manicure al giorno dopo.

La festa!

Ultimi preparativi!

Il gran giorno è finalmente arrivato! Elettrizzata? Sicuramente!

Se sei nervosa telefona a un'amica per farti aiutare con i preparativi dell'ultimo minuto: in compagnia sarà tutto più veloce!

Poi vi preparerete insieme per la festa, così sarà più divertente!

Lista dell'ultimo minuto

- Tira fuori tutte le decorazioni. Potrebbe servirti del nastro adesivo o dello spago, a seconda delle decorazioni.

- Appendi i palloncini e un cartello fuori dalla porta di casa, così se qualcuno non c'è mai stato prima sa di essere nel posto giusto!

- Attacca gli altri cartelli, per indicare l'armadio dove appendere i cappotti, il bagno ed eventualmente altri spazi preparati per gli ospiti...

- Impila un bel po' di asciugamani nel bagno per gli ospiti e controlla che ci siano abbastanza sapone e carta igienica.

- Ritorna in ogni camera con una scatola vuota e versaci dentro gli oggetti fuori posto, poi conservali nello stesso posto dove hai messo gli altri.

- Sistema le candele, le luci, ecc.

- Prepara l'impianto stereo...

- Carica la macchina fotografica!

Cibo e bevande

Controlla la lista del cibo ancora da preparare. Calcola per eccesso i tempi di cottura nell'eventualità che qualcosa vada storto, e ricordati di lasciarti anche il tempo per ripulire il disordine che farai.

Quando tutto il cibo sarà pronto, sistemalo su piatti e vassoi, ricoprilo con pellicola e conservalo in frigo, pronto per essere tirato fuori poco prima che inizi la festa.

Sistema piatti, bicchieri, posate, nella zona che hai deciso di adibire al rinfresco.

Tira fuori tutti gli alimenti che non vanno in frigo, come le patatine fritte e i biscotti, ma lasciali coperti con la pellicola fino all'ultimo momento.

Prepara i cocktail analcolici, i punch e le altre bevande e conservali in frigo fino all'ultimo minuto.

Affetta alcuni limoni e lime da aggiungere alle bevande e mettili dentro ciotole accanto ai bicchieri.

Preparativi personali

Questo è il tuo gran giorno, perciò tieniti il tempo necessario per trasformarti in una principessa! Te lo meriti: l'ultima cosa che desideri è metterti a correre per tutta la casa poco prima che arrivino i tuoi ospiti! Vuoi essere favolosa e per riuscirci hai bisogno di tempo!

Assicurati che la tua camera da letto contenga tutte le cose di cui hai bisogno per essere al top, metti su po' di musica per entrare nello stato d'animo giusto e coccolati!

• Concediti una doccia o un bagno almeno due ore prima che arrivino gli ospiti. Io adoro fare un bagno almeno tre ore prima della festa e prendermela comoda coccolandomi con oli da bagno aromatici che mi aiutano a rilassarmi...

• Idrata la pelle del corpo ancora umida, così la crema penetrerà più a fondo. A me piace usare idratanti satinati che fanno luccicare la pelle facendola sembrare superliscia!

• Asciuga i capelli e acconciali come vuoi. Se li vuoi voluminosi, asciugali a testa in giù. Se li vuoi lucidi e lisci, asciugali ciocca per ciocca e poi usa una piastra lisciante.

• Fai la manicure e la pedicure se non sei riuscita a farle la sera prima.

• Indossa l'abito dopo esserti truccata per evitare di macchiarlo.

Truccarsi per la festa

Truccarsi per una festa è molto più divertente che truccarsi ogni giorno. Puoi osare quanto vuoi e sbizzarrirti con tanti look diversi. Se vuoi osare un look completamente nuovo, provalo qualche giorno prima della festa per essere sicura che sia adatto a te!

Fondotinta

Probabilmente non ti servirà molto fondotinta. Per risultati migliori assicurati di avere il viso pulito e idratato, poi applica il fondotinta con le dita, così si riscalderà e sarà più facile spalmarlo in modo uniforme. Scegli un fondotinta di un colore il più possibile simile alla tua carnagione, non più scuro, per evitare che si noti.

Sopracciglia

Tira via con la pinzetta i peli fuori posto sulle sopracciglia prima di applicare il trucco. Per definire la forma e colmare qualche vuoto, usa una matita per occhi. Puoi usare un po' di polvere per sopracciglia sulla matita per fissar bene i contorni.

Ombretto

Gli occhi sono il punto focale del viso, perciò devono essere perfetti. Quando scegli il colore dell'ombretto, preferisci sempre un colore diverso da quello dei tuoi occhi per farli risaltare.
Per prima cosa, applica uno strato leggero di colore neutro su tutta l'area oculare dalle ciglia alle sopracciglia. Questo ridurrà la formazione di pieghe. In alternativa, puoi usare una base per gli occhi. Usa il colore più scuro sulla parte bassa della palpebra, spalmandolo dall'interno dell'occhio verso l'esterno. Sfumalo con cura in modo che segua la forma dell'occhio.

Matita

La matita per gli occhi può aggiungere un tocco più intenso allo sguardo, perciò è perfetta per le feste. Usa l'eye-liner liquido per una linea precisa, oppure una matita per dare agli occhi un aspetto sfumato.
Disegna una linea sulla palpebra superiore, dall'interno verso l'esterno. Se la linea è troppo netta, sfumala con un pennellino. Puoi ripetere questa operazione se necessario.
Sulla palpebra inferiore, parti dall'esterno verso l'interno. L'eye-liner liquido può essere difficile da applicare e richiede molta precisione, ma con la pratica si migliora, perciò esercitati ogni giorno. Tieni a portata di mano batuffoli di cotone e struccante per gli occhi in caso di errori.
Gli eye-liner neri o marroni stanno bene quasi a tutte, ma ci sono molti colori tra cui puoi scegliere. L'eye-liner bianco darà ai tuoi occhi uno sguardo più luminoso, mentre il porpora, l'azzurro o il verde li faranno sembrare elettrici!

Mascara

Una passata di mascara nero o marrone darà agli occhi il tocco finale.
Togli lo spazzolino dal tubetto ed elimina l'eccesso di prodotto con un fazzolettino di carta.
Applicalo sulle ciglia superiori dalla radice alle punte. Per uno sguardo più intenso ripeti due volte.
Devi fare molta attenzione quando applichi il mascara sulle ciglia inferiori perché può sbavare.
Se ciò ti preoccupa, applica uno strato sottile di vaselina sulla pelle sotto gli occhi con un batuffolo di cotone. Così proteggerai la pelle e riuscirai a pulire via facilmente eventuali sbavature. Applica il mascara sulle ciglia inferiori con un movimento a zigzag fino a coprire tutte le ciglia. Se hai voglia di osare, scegli un mascara dai colori brillanti, per esempio azzurro o verde!

Lucidalabbra

Dopo gli occhi, le labbra sono la parte più importante del viso. I lucidalabbra aiutano davvero molto a mettere in risalto le labbra, e sono perfetti per le feste. Puoi sceglierne uno trasparente oppure osare un colore brillante.
È una buona idea applicare il burro di cacao sulle labbra prima del lucidalabbra, per idratarle e levigarle.
Prima di applicare il lucidalabbra, sporgi le labbra per evitare di macchiare i denti!
Partendo dal centro della bocca, applica il lucidalabbra a piccoli tocchi fino a ricoprire entrambe le labbra.

Fard

Termina il trucco con un velo di fard sulle guance. La regola numero uno per il fard è di non sceglierlo mai troppo scuro perché non sta bene. Se hai la carnagione chiara, usa un rosa chiaro, ma evita il bronzo. Se hai la carnagione più scura, puoi usare toni sul marrone o sul rosso.
Il fard si trova sotto forma di polvere, di crema oppure liquido. Il fard liquido è più difficile da eliminare in caso di errori, mentre quelli in polvere o in crema si eliminano più facilmente.
Applica il fard in polvere con un pennellino, mentre quello liquido o in crema con le dita.
Inizia dalle gote e arriva all'attaccatura dei capelli sfumando fino a creare un effetto naturale. Assicurati di lavare le mani dopo aver usato il fard liquido perché può macchiare!

A seconda dell'abito che hai scelto, potrai decidere di aggiungere altri dettagli al tuo trucco.
Ecco i miei consigli top per i miei costumi preferiti!

Strega: polvere verde per il viso, eye-liner verde per le verruche.
Vampiro: polvere bianca a volontà per una carnagione pallida, polvere nera per creare le ombre sotto gli occhi, sangue finto che coli dall'angolo della bocca.
Regina delle Nevi: polvere bianca per una carnagione super pallida, ciglia finte, ombretto per gli occhi blu ghiaccio e lucidalabbra rosa.
Fata: ciglia finte, tantissimi brillantini!
Anni 80: ombretto per gli occhi di un colore brillante su tutta la palpebra (due tonalità funzionano meglio), rossetto intenso e matita per labbra.

Fare gli onori di casa

Dovresti già essere vestita e pronta da un po' quando arriveranno gli ospiti. Fai partire la tua compilation musicale e assicurati che luci e candele siano accese. Ora che è tutto pronto, concediti un ultimo spruzzo di profumo e di lacca e un cocktail!

Quando gli ospiti cominceranno ad arrivare, sarà il momento di trasformarti in padrona di casa e intrattenerli!

Accogli tutti gli ospiti personalmente, con un caloroso benvenuto.

Ringraziali quando ti diranno che sei splendida (lo sei davvero!) e ricambia il complimento.

Prendi i cappotti, le borse, ecc.

Accompagnali nella sala della festa e presentali a tutti quelli che non conoscono.

Non rimanere ferma. Accogli ogni ospite, ma poi dirigiti verso i nuovi arrivati.

Quando saranno arrivati tutti, il divertimento potrà cominciare!

Ricordati di usare la macchina fotografica e passala anche agli amici così anche loro potranno scattare qualche foto.

Non lasciare che qualche piccolo incidente, per esempio un bicchiere rotto o del liquido versato, rovini la festa.
È una buona idea tenere a portata di mano detersivi e prodotti per la pulizia, ma è preferibile, se possibile, occuparsi di questi piccoli incidenti a festa terminata.

Se vuoi che i tuoi ospiti ballino, dai tu l'esempio! Coraggio! Incomincia tu a ballare e invita gli altri!

Rilassati, sorridi e divertiti! Gli ospiti faranno lo stesso, perciò se tu non ti diverti, non si divertirà nessuno!

Depressione post-festa?

Pulizie post-festa

Niente scuse, mettiti al lavoro! Comincia a pulire subito dopo la festa. Se sei troppo stanca per farlo, tutt'al più rimanda al giorno dopo. Se qualche amica si ferma a dormire da te, sono certa che sarà ben felice di darti una mano! Eccoti la mia lista delle pulizie dopo-festa.

- Apri porte e finestre e arieggia l'ambiente.
- Raccogli in ogni stanza tutto ciò che è da buttare nella spazzatura.
- Usa un sacchetto separato per raccogliere gli oggetti riciclabili.
- Metti in frigo gli avanzi di cibo e di bevande che si possono ancora consumare.
- Getta i piatti monouso, raccogli gli altri e portali in cucina per lavarli.
- Pulisci tutte le superfici.
- Passa l'aspirapolvere su tappeti e pavimenti.
- Tratta tutte le macchie che troverai (è una buona idea avere a portata di mano un detergente per le macchie ostinate sui tappeti).
- Concediti un bagno rilassante, poi dai un'occhiata alle foto e ai regali!

Lista dei regali

Forse il giorno dopo la festa ti sentirai un po' depressa... Io mi tiro su compilando una lista dei regali!

Scrivi una lista di tutti i regali che hai ricevuto e delle persone che te li hanno fatti. Scommettiamo che ti tornerà il sorriso?
E ti sarà anche utile quando dovrai scrivere i bigliettini di ringraziamento. Ecco, per darti un'idea, la lista di regali che ho fatto il Natale scorso.

Invitato: Edo
Regalo: CD
Commenti: Devo ricordarmi di prestargli quell'album che ho comprato, gli piacerà da impazzire!
Ringraziamento inviato? Sì

Invitato: Anthony
Regalo: Abbonamento annuale a una rivista di moda
Commenti: Che regalo favoloso!
Ringraziamento inviato? Sì

Invitato: Elena
Regalo: DVD
Commenti: Si è ricordata che volevo comprarlo: sono impressionata!
Ringraziamento inviato? Sì

Invitato: Carlotta
Regalo: Profumo
Commenti: Non è il mio preferito, ma mi piace comunque moltissimo!
Ringraziamento inviato? Sì

Ringraziamenti

Adoro creare personalmente i miei biglietti di ringraziamento! Ecco alcuni dei biglietti che ho creato per la mia festa di compleanno di quest'anno. Ho anche disegnato io stessa i cartoncini!

Cara Kati,
mi è molto piaciuto il braccialetto che mi hai regalato. È bellissimo e si abbina perfettamente a tutti i miei abiti, così potrò indossarlo ogni giorno.
Con affetto,
Hello Kitty
x

Caro Davide,
grazie del cappello carinissimo che mi hai regalato. Sta molto bene con il mio gilè nero!
Con affetto,

Hello Kitty
x

Cara Alice,
il libro sul bird watching che mi hai regalato è molto interessante, grazie.
Leggendolo penserò a te!
Con affetto,

Hello Kitty
x

Anche se qualcuno ti ha fatto un regalo che non ti fa impazzire, trova comunque un modo per ringraziarlo!

Caro Alberto,
grazie mille per i sali da bagno! Hanno un profumo davvero speciale!
Con affetto,

Hello Kitty
x

Foto della festa

Una delle cose più belle dopo una festa è guardare tutte le foto che hai scattato!

Fai stampare le foto al più presto, oppure mettile online sul tuo blog. Ricorderanno a tutti i momenti bellissimi trascorsi insieme alla tua festa e, di certo, ti strapperanno qualche sorriso! Dai un'occhiata alle mie foto...

Se hai scattato qualche foto davvero carina dei tuoi amici, fai stampare dei duplicati che potrai spedire insieme ai biglietti di ringraziamento. Di sicuro apprezzeranno il pensiero!

Il diario

Fai un diario della festa per ricordare tutti i momenti più belli! Dopo aver stampato le foto, potrai attaccarle sul diario, perciò ricordati di lasciare molto spazio. Puoi anche incollare uno dei tuoi biglietti d'invito e le decorazioni rimaste. Ecco il diario della mia superpaurosa festa di Halloween.

16:00. Karen, Carlotta e Alice arrivano a casa per aiutarmi con i preparativi dell'ultimo minuto. Naturalmente c'è anche Mimmy!

18:00. La festa inizia! Gli invitati arrivano puntuali.

18:30. Alice e Davide stanno già facendo una gara di ballo. Vince perché Alice inciampa sui tacchi!

19:30. Le ali da pipistrello di Giò s'impigliano nelle lampadine colorate e dobbiamo soccorrerlo!

20:00. Mm, il cibo è squisito, anche se non dovrei essere io a dirlo... I miei muffin sono già scomparsi: Alberto ha mangiato gli ultimi tre!

20:30. Giochiamo a *Pesca la mela*. Vince Anthony!

20:45. Abbiamo giocato alla *mummia* in un tempo record! Ha vinto la mia squadra, grazie a Edo che è riuscito a rimanere immobile.

21:00. Kati suggerisce di giocare a *Obbligo o Verità*, ma si dispiace quando sente la domanda che ho per lei...

22:30. Balliamo da un'ora! Dear Daniel è colpito dai miei passi.

Mezzanotte: è il momento dei saluti. Tranne che per Karen, Carlotta e Alice che si fermano a dormire!

Festa di Halloween
Nella casa stregata di Hello Kitty

Data: 31 ottobre dalle 18.00 a mezzanotte.

Abbigliamento: venite vestiti come le vostre favorite celebrità defunte!

RSVP: Telefonami per l'ok entro il 17 ottobre.

E all'una di notte... abbiamo gonfiato i materassini e ci siamo rannicchiate dentro i sacchi a pelo. Ma non dormiamo: abbiamo ancora molte cose da dirci!

L'ospite perfetto

Favolosa!

Essere ospite alla festa di qualcuno significa che hai molto più tempo da dedicare a te stessa per coccolarti e prepararti.
Allora perché non invitare qualche amica per farlo insieme?

È sempre meglio sapere già in anticipo l'abito che indosserai e assicurarti di avere tutti i prodotti di bellezza e i trucchi che ti serviranno.

Ecco la mia guida per arrivare in forma perfetta al gran giorno!

- Poltrisci a letto fino a tardi così farai il pieno di energia!
- Fai una colazione ricca e nutriente (uova strapazzate e frutta è una delle mie preferite, ed è una bomba energetica!).
- Ascolta un po' di musica inerente alla festa per ispirarti alla giusta atmosfera.
- Applica sul viso una maschera idratante o detergente, a seconda del tuo tipo di pelle.
- Usa una crema rigenerante per i capelli e lasciala in posa il più a lungo possibile.
- Raccogli i capelli e concediti un bel bagno rilassante con oli essenziali.
- Fai uno scrub su tutto il corpo.
- Sciacquati i capelli e poi lavali con shampoo e balsamo come al solito.
- Applica sulla pelle ancora umida una crema idratante.

- A pranzo mangia un'insalata o qualcosa di non troppo pesante se hai intenzione di rimpinzarti di leccornie alla festa!
- Indossa un accappatoio e concediti una pedicure (lima i piedi e smalta le unghie).
- Poi concediti una manicure, aspettando che lo smalto si asciughi bene prima di fare qualcos'altro.
- Se pensi a un'acconciatura elaborata, è meglio iniziare due ore prima di uscire perché potrebbe impegnarti per parecchio tempo.
- Vestiti (non mettere le scarpe finché non sarai pronta per uscire per non stancare i piedi).
- Truccati
- Metti i gioielli e gli altri accessori
- Concediti uno spruzzo di profumo
- Ammirati allo specchio!

La borsa per la festa

Ogni ragazza ha bisogno di una borsa dentro la quale mettere tutto quello che le servirà per la festa. Le borse da portare alle feste sono di solito piccole e graziose (pensa a una pochette piuttosto che alla tua solita borsa a tracolla), perciò dovranno starci soltanto gli oggetti essenziali, come:

- Cellulare
- Carte di credito o denaro
- Chiavi di casa
- Trucco!
- Spazzola di viaggio.

Idee regalo

Mi piace moltissimo creare gioielli da regalare agli amici ma confeziono personalmente anche altri oggetti!

Gioielli: io possiedo un'enorme collezione di spaghi, fili, perline e piume, che uso in modo fantasioso per creare ogni sorta di gioielli! Troverai tutto ciò in merceria e anche a prezzi accessibili. Con un po' di fantasia potrai creare la collana o il bracciale perfetto anche per i tuoi amici!

Borse: puoi comprare una borsa senza decorazioni e personalizzarla con brillantini, perline, piume sulla zip, ecc.

Calamite con foto: stampa alcune foto buffe tue e dei tuoi amici. Compra delle piccole calamite rotonde, ritaglia i volti e incollali sopra le calamite: hai creato una calamita che i tuoi amici potranno attaccare sul frigo o sulla bacheca. Un regalo fantastico che di certo strapperà un sorriso!

Ricette: Se il tuo amico va matto per la tua torta al cioccolato bianco, perché non stampare la ricetta (o scriverla a mano in bella grafia) su un foglietto di carta realizzato da te e regalargliela?

Incartiamo!

Ora che hai il regalo perfetto, vorrai anche incartarlo bene! Incartare un regalo può essere difficile, specie se il tuo regalo ha una forma strana. Un modo per evitare questo problema è mettere il regalo dentro una scatola.
Puoi anche usare una graziosa busta regalo.

Ecco alcune indicazioni generali su come incartare un regalo di forma quadrata o rettangolare:

- Metti il regalo al rovescio sulla carta da regalo (anche la carta deve essere al rovescio).

- Avvolgi con la carta il regalo.

- Segna quanta carta ti servirà e taglia quella in eccedenza. È sempre meglio tagliarne un po' di più.

- Sistema di nuovo la carta al rovescio e metti al centro il regalo.
- Prendi un lembo della carta e avvolgi il regalo fino a metà della sua parte superiore, controllando che la carta sia parallela al lato più lungo del regalo.
- Ripeti la stessa operazione con l'altro lembo. Questo dovrebbe coprire appena l'altro.
- Tieni bene ferma la carta e ferma i due lembi con del nastro adesivo.
- Prendi un'estremità del regalo e premi la carta lungo la superficie laterale, poi piega all'interno il lato lungo superiore.
- Schiaccia bene le pieghe che si formeranno ai lati, ripiegale verso l'interno creando un triangolo di carta sulla base.
- Piegalo verso l'alto per coprire le estremità del regalo e fissalo con il nastro adesivo.
- Ripeti anche dall'altra parte.
- Ora puoi aggiungere decorazioni, nastri o targhette al tuo regalo!

Consiglio: per arricciare un nastro, appoggia la parte ruvida contro la lama delle forbici, premi forte con il pollice e fai scorrere il nastro lungo la lama fino alla fine continuando a premere con il pollice: il nastro arricciato è pronto!

Carta da regalo fai da te

Creando tu stessa la carta per i tuoi regali, aggiungi un tocco personale. Non sarebbe bello arrivare alla festa con un regalo incartato splendidamente e poi scoprire che qualcun altro ha utilizzato la tua stessa carta, vero? Inoltre la carta da regalo può essere molto costosa, mentre ci sono molti modi divertenti per realizzarla senza spendere molto!

Usa una... patata!

Io faccio così!

Cosa ti serve: carta, qualche patata, un coltello, penna e pittura di vari colori

- Decidi la forma che vuoi stampare sulla carta. Puoi usarne quante vuoi, perciò scatena la tua creatività!
- Taglia a metà una patata per avere una parte piatta.
- Disegna la forma che hai scelto sul lato piatto della patata.
- Scava con un coltello tutt'intorno alla forma in modo da ottenere una forma in rilievo.
- Intingi la patata nella pittura e poi premila sulla carta. Ripeti l'operazione per coprire tutto il foglio.
- Lascia ad asciugare alcune ore prima di incartare i regali!

Disegni fai da te

Con questo metodo non ci sono regole! Disegna su un grande foglio di carta tutto quello che ti suggerisce la fantasia e poi usalo per avvolgere i tuoi regali!

Decorazioni

Puoi aggiungere ogni genere di decorazioni sulla tua carta regalo. Lo scorso anno ho preparato una carta per incartare il regalo di San Valentino di Dear Daniel!

Cosa ti serve: Un grande foglio rosa, una pila di vecchie riviste, colla e coriandoli.

- Decidi un motivo e disegnalo sulla carta.
- Ricoprilo di colla.
- Versa dei brillantini sopra la carta.
- Togli via eventuali eccessi. I brillantini dovrebbero attaccarsi al tuo disegno.
- Aggiungi altri dettagli attaccando coriandoli e immagini dalle tue riviste, finché non sarai soddisfatta della tua creazione.
- Lascia ad asciugare per alcune ore prima di incartare i tuoi regali.

Questi tocchi di creatività metteranno in risalto il tuo regalo, ed è giusto che sia così!

Biglietti fai da te

Un biglietto fatto da te sarà molto più prezioso per un amico di uno comprato e sarà altrettanto bello! Ti serviranno un cartoncino, forbici, colla, matite o penne colorate e decorazioni varie come nastri, brillantini ecc.

Puoi anche fare dei collage ritagliando immagini da vecchie riviste, oppure usando foto tue o dei tuoi amici. Non esistono regole, perciò dai un'occhiata ad alcuni di quelli che ho fatto io e scatena la tua creatività!

Come scrivere i biglietti di auguri

Quando scrivi un biglietto di auguri, cerca di renderlo il più personale possibile. Nessuno vuole ricevere un biglietto di auguri generico senza una frase pensata apposta per lui. Forse sai già cosa vuoi dire al tuo amico, ma in caso contrario, ecco alcune idee per cominciare.

Cara Fifi,

Buon Compleanno! Aspetto con ansia la tua festa. Ho in mente tante idee sui giochi che possiamo fare!

Spero che tutto ciò che desideri per il tuo compleanno si avveri. Non vedo l'ora di festeggiare questo giorno speciale con te! e sono certa che sarà un giorno speciale anche per me.

Ti voglio bene, *Hello Kitty*
X

Cara Alice,

Buon Compleanno! So già che la tua festa sarà un successone e tu sarai glamour come al solito. Non vedo l'ora di gustare uno dei tuoi cocktail e di ammirare le tue scarpe nuove.
Ti auguro di trascorrere una giornata favolosa, te lo meriti!

Ti voglio bene,

Hello Kitty X

Caro Edo,
ti auguro di trascorrere una giornata fantastica a giocare a paintball con i ragazzi. Noi ragazze non vediamo l'ora di partecipare alla tua festa più tardi e di darti i nostri regali! Abbiamo anche una sorpresa per te…

Con affetto,

Hello Kitty X

Etichetta

Ogni ragazza dovrebbe sapere come comportarsi a una festa e dovrebbe sempre preparare la lista degli ospiti. Le buone maniere sono sempre d'obbligo! Ti consiglio alcune regole fondamentali.

Non ignorare mai un invito!

Rispondi sempre a un invito nel tempo stabilito.

Vestiti sempre secondo le istruzioni contenute nell'invito.

Porta un regalo e un biglietto per il padrone di casa se è un compleanno, oppure, se è una festa di altro genere, un piccolo pensiero, come per esempio dei biscotti fatti in casa o un mazzo di fiori, per ringraziare.

Se è una festa in costume, fai lo sforzo di trovare il costume giusto: il padrone di casa lo apprezzerà!

Arrivare con un lieve ritardo a una festa va bene, ma non si deve mai arrivare in anticipo. Sicuramente non farebbe piacere neanche a te.

Cerca di fare amicizia con chi non conosci! Ci saranno tante persone interessanti con cui chiacchierare, perciò trascorri un po' di tempo con tutti.

Divertiti più che puoi!

Renditi disponibile per aiutare a ripulire dopo la festa.

Non aver paura di parlare con persone che non conosci: sono tutti lì per divertirsi e per conoscere nuovi amici!

Ringrazia il padrone di casa prima di andare via e non mancare di dirgli che la festa era fantastica.

Porta una macchina fotografica e cerca di scattare qualche foto durante la festa. Il padrone di casa forse sarà troppo occupato per riuscire a farne molte lui stesso e di certo apprezzerà che qualcuno lo aiuti a immortalare i momenti più divertenti della serata.

Quando partecipi a una festa, ricordati di ricambiare l'invito.

Arriverderci!

Ebbene, è proprio ora di cominciare a preparare la mia prossima festa. Spero che questo libro ti sia piaciuto. Io mi sono divertita moltissimo a scriverlo!

Quando organizzerai la tua prossima festa, se seguirai i miei consigli sono certa che sarà un successone! Chissà! Magari un giorno anche tu scriverai un libro sulle feste raccontando le tue esperienze...

Baci, baci, baci,

Hello Kitty

x